POPÏA

PERSEO BAMBAS ROJAS

AGRADECIMIENTOS

Primero os debo dar las gracias por tener entre las manos este humilde proyecto, por molestaros en confiar e invertir vuestro dinero y tiempo en esta peculiar historia. Popïa no es un cuento, son mis lágrimas de acuarela, en ella he volcado parte de mi alma y dejadme decir que siento algo de vergüenza al desnudarme ante vosotros. Necesitaba sacarlo y qué mejor que en forma de cuento ilustrado, no podía hacerlo de otra forma.

Tengo que agradecer mi crecimiento personal en estos últimos años a mucha gente, perdonadme si no os menciono a todos, pero creedme que necesitaría muchísimas páginas para hacerlo. ¡Gracias por sacarme del pozo!.

Pero hay unas personas que debo nombrar especialmente porqué sin ellas Popïa no hubiera sido lo que es. Nombrados alfabéticamente...

Claudia, Escola Fem Art, en especial a Iván F. Silva, Patricio Molina y Silvia Garrote. Gracias por hacer este proyecto mucho más grande.

También agradecer el trabajo y el cariño de los Yayos por cuidar de mi hija para poder realizar este proyecto, sin ellos hubiera sido imposible.

Y para finalizar nombrar a la persona más importante con permiso de los ya nombrados, a Dafne, a mi princesa guerrera, a mi pequeña griega, a mi hija. ¡Gracias por salvarme la vida!

Dedicado a Lorena,
¡Por el último baile!

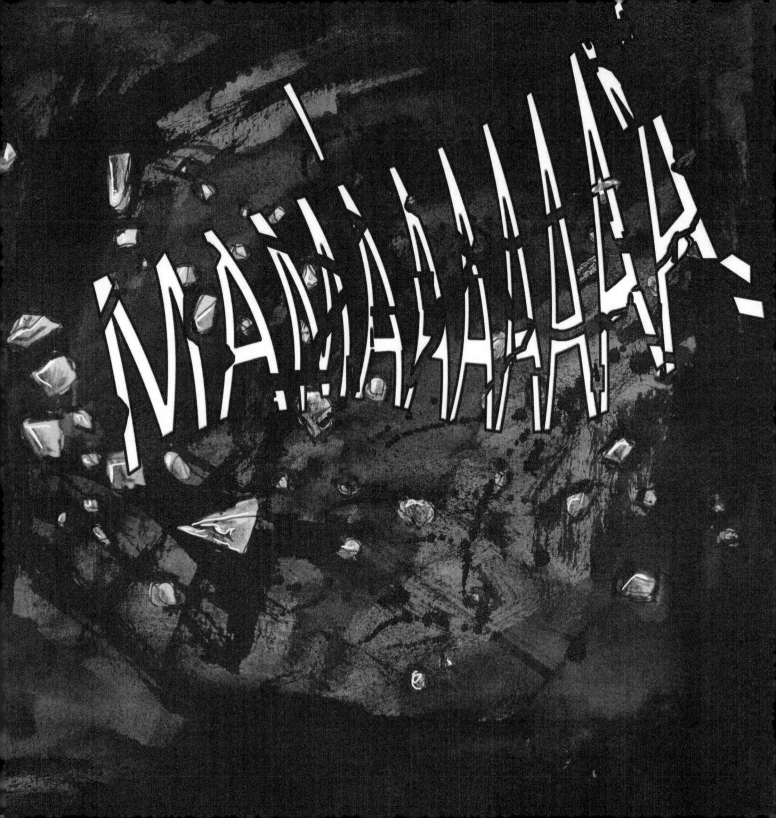

– Popïa, Mamá no vendrá.

– Pero dijiste que ya no siente dolor.
Si ya está bien, que venga a casa.

– No puede, Gordita. Ella nos ve y nos
escucha. Podemos hablar con ella, pero
sólo puede respondernos en
nuestro corazón.

– ¡Nooo! ¡Quiero que venga! ¡Mamáaaaa!

- ¿Dónde estoy?...

No puedo salir...

¿Por qué? ...¿Por qué a mí? ...¿Por qué ella?...

¿Por qué? ...¿Por qué a mí? ...¿Por qué ella?...

¿Por qué? ...¿Por qué a mí? ...¿Por qué ella?...

- ¿Hola? Detecto unos calcetines. ¿Hay alguien?

- ¿Hola? Síii, estoy aquí... ¿Me puedes ayudar?

- ¡¿Qué haces en el pozo?! ¡LEVÁNTATE!

-Me salvaste, muchas gracias. ¿Cómo te llamas? Yo soy Popïa.

-Soy Manoscalcetines, o así me llaman. Tienes unos calcetines muy bonitos, dignos de llevar como sombrero a la boda de mi hermana. Pero... ¿qué estás haciendo?

-Busco a mi madre, pero no sé cómo he llegado aquí ¿Dónde estoy? ... ¿Cómo me has encontrado?

-Cómo llegaste ni idea, pero estás en el lado oscuro de Baubauzzh, el mundo de los duendes. Sólo se puede llegar hasta aquí dibujando una puerta con una pluma de Dodo.

En cuanto al pozo dónde estabas... ni las ratas se acercan a este rincón oscuro.

-¿Un Dodo?

-Sí... En este mundo sustituiría lo que vosotros llamáis vehículos.

Espera, te lo enseño,
un segundo que hago la puerta...

—Por cierto, dijiste que estabas buscando a tu madre. Creo que te puedo ayudar. Debemos ir a un lugar especial para obtener más información. ¡Ven conmigo!

-No podemos ir por la calle, hay Fátatos y el Ejército de Botones. No deben verte, tú no deberías estar en este mundo.

Hay otro camino, si vamos deprisa no tiene porqué pasar nada.

- ¡Hay que ir rápido! En las alcantarillas hay ratas peligrosas,

pero la Biblioteca de las Ideas olvidadas está cerca.

- ¿Biblioteca de las Ideas Olvidadas?

-Sí, todas esas ideas que no han sido realizadas en tu mundo van a parar allí. Inventos que Da Vinci no plasmó en papel, pensamientos de Sócrates, óperas que nunca compusieron Mozart o Bizet o pinturas que no realizó El Bosco... Mi tío es el encargado de la biblioteca y, tras años intentando organizarlo todo, aun le ha sido imposible ponerla al día.

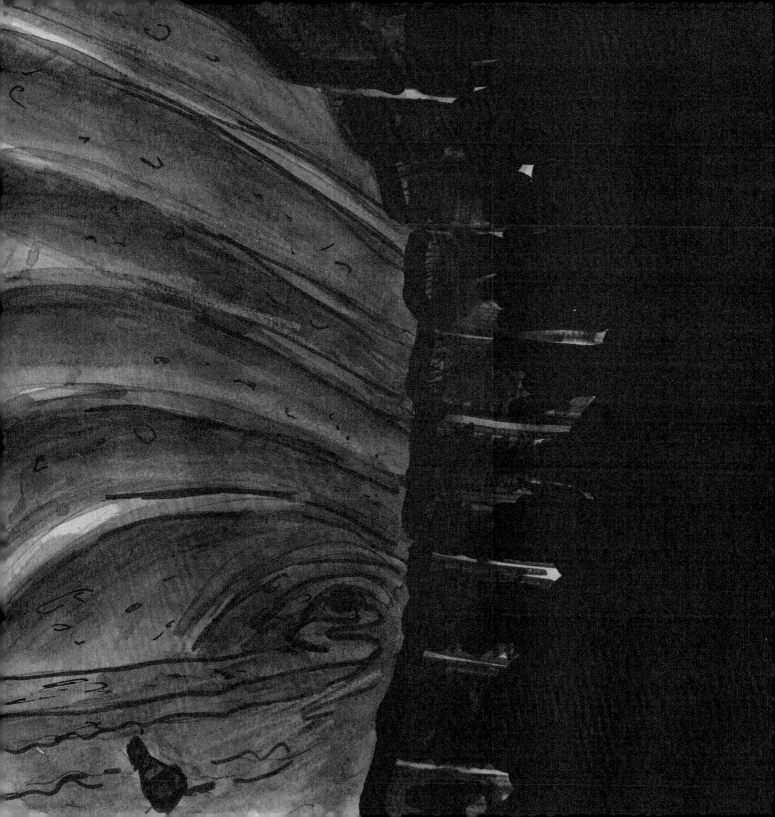

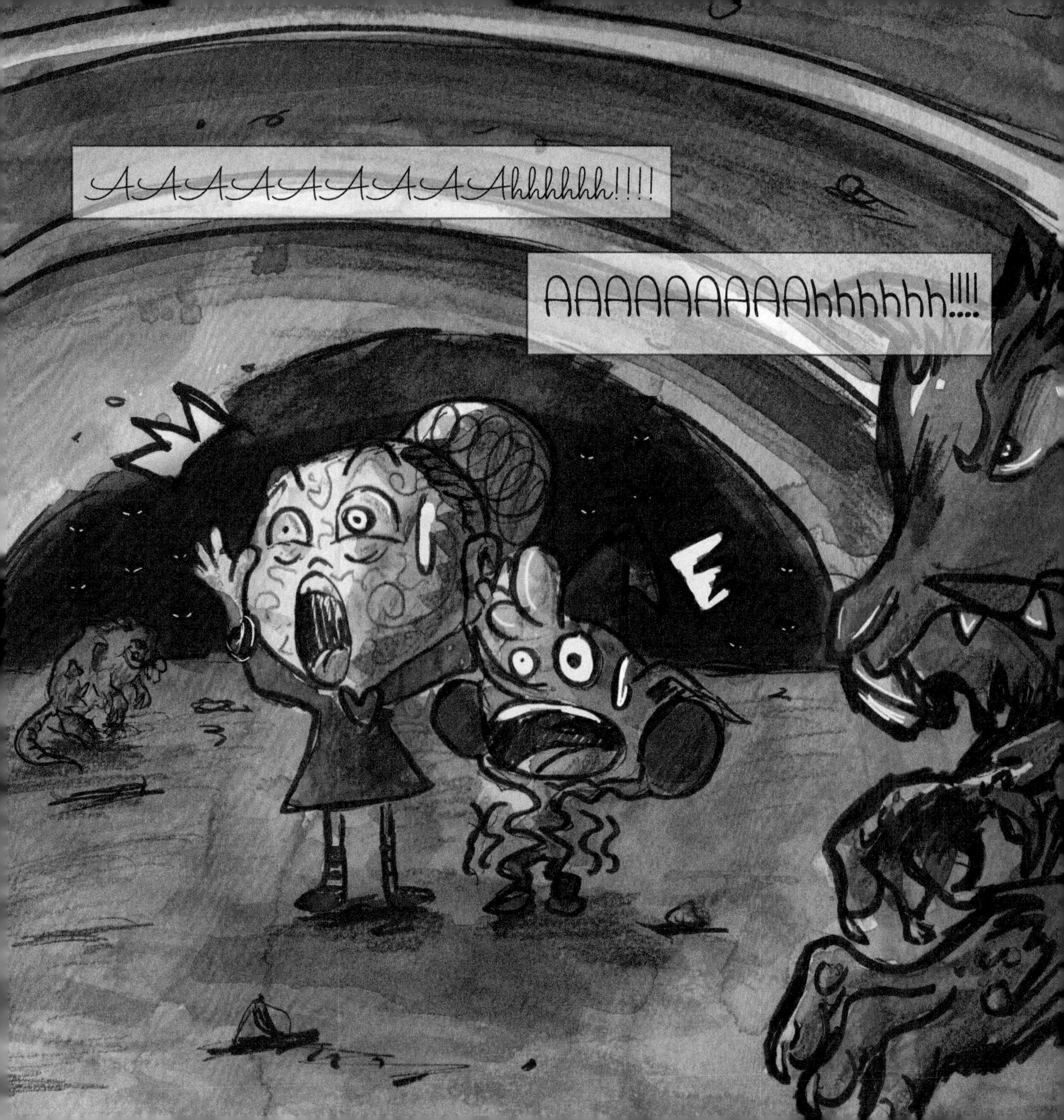
AAAAAAAAAhhhhhh!!!!
AAAAAAAAAhhhhhh!!!!

-Vaya...están perdidos, vamos
a llevarles al Rey Rata.

Él sabrá qué hacer.

-Bienvenidos a la Vida! - Dijo el Rey Rata-

-No nos comas por favor...

- ¿Comeros? Eso sería poco productivo para mí... y sobre todo para vosotros. Prefiero que paguéis un precio y sigáis vuestro camino.

- No tenemos nada.

-Tenéis mucho, creedme.

- ¡Porqué a la gente buena le pasan cosas malas! - **refunfuñó de mala gana Manoscalcetines-**

- No soy bueno ni malo, sino como la vida misma: exactamente lo que vosotros queráis que sea. Las cosas suceden te guste o no, Buscador... lo difícil es saber qué perderemos y qué ganaremos en cada lid. Estáis acostumbrados a recibir, pero la vida no tiene obligación de dar constantemente. ¡Luchad! Sólo a base de lucha y paciencia obtienes de la vida lo que necesitas. A veces hace falta también un salto al vacío, ...y los más duros son los que se hacen para dentro... Pido disculpas, estoy divagando. Decidme ¿Qué me vais a dar como pago al peaje?

—Yo te puedo dar este corazón de tela que tengo bordado en mi pecho.

— No puedo aceptar ese pago. Es excesivo y nunca sería realmente mío. ¿Tienes otra cosa?

—Te puedo dar esta pulsera.

— ¡Acepto! -dijo el Rey Rata exteniendo la mano-

Nunca volverás a verla, pero todos perdemos y ganamos al mismo tiempo. Pierdes una pulsera, pero ganas libertad. Sería muy inocente pensar en entrar en batalla sin sufrir heridas...
¿Verdad pequeña?

Este consejo es gratis: Recuerda siempre ser amable y ¡sonríe! y el "Tito Rey" se portará bien contigo. La vida da pequeños lujos, como una noche estrellada o este cacahuete recubierto de chocolate... **-dijo mientras terminaba de saborearlo-** ...que alguien desechó. Sólo hay que saber disfrutarlos.

¡Que tengáis un buen día amigos! Recordad que la luz es maravillosa cuando habéis conocido la oscuridad.

-Y cuando queráis podéis venir a vernos de nuevo..... **-dijo el Rey Rata desde lejos-**

- Si nos ha dado comida y todo para el viaje.

-Sí...sí... Pero tú sigue andando, a ver si se van a arrepentir...

-Creo que allí esta es
la entrada secreta de
la Biblioteca.

- Lo siento Tío Tüi, no quería asustarte. Vengo con Popïa, es una amiga que necesita ayuda.

- Encantado de conocerte Popïa. ¿Qué puedo hacer por ti?

- Esto...digo... -dijo dubitativa Popïa-

- La he traído para que le hables del Lago Arcoíris, tío. Debemos encontrarlo.

-¿Lago Arcoíris?

- Es un lago que, según la leyenda, concede un deseo a aquel que lo encuentra... Pero no recuerdo haber visto nada sobre él en años. Déjame mirar...

– Según esto, el Gran Maestre Tompa cogió el único manuscrito que teníamos referente al Lago Arcoíris hace 36 años. ¿Por qué deseas encontrar el Lago?

- Para ver a mi Madre. Un día se fue y no volvió. Decía que le dolía la cabeza y necesitaba dormir. Durmió tanto... tanto... que al final se fue a una estrella. Quiero que regrese, quiero que esté a mi lado.

– Entonces tendrás que hablar con el Gran Maestre Tompa. No podemos cambiar el pasado, pero sí el presente.

– ¿Gran Maestre Tompa?

- Si, nuestro líder. o eso dice. **-dijo con desdén-** ¡Será imposible llegar a él! Tiene un ejército que bloquea el paso hasta su molino.

- Hace años hace que no se hace cargo de nosotros. Incluso hay rumores que dicen que puede estar mu....

- ¡Manoscalcetines! **-dijo su tío enfadado-** *No me gusta que digas esas cosas. El Gran Maestre Tompa ha hecho mucho por nosotros. Sólo está pasando un trago amargo. Mira Popïa, éste es nuestro líder.*

- Ha sumido a Baubauzzh en
una de sus peores crisis...

- El Gran Maestre Tompa ha sido un buen
gobernador y lo volverá a ser, de eso
no tengo duda. Si queréis saber sus razones
para actuar como lo hace, preguntádselo.

No es malvado.

-Pero... será peligroso. Tantos guardias...

- No os subestiméis. Dicen que el obstáculo
es el camino...sorteadlo, vencedlo y creceréis.
Espera, Popïa Puede que tenga una cosa para
ti. Debo buscarlo pero lo encontraré...

...Espera un momento.

– Unas bambas rojas aladas,...

un casco...el escudo
reflectante no te hace falta...

... y...¡Lista!...

¡Preparada para el viaje!

- ¡¡¡Me siento muy fuerte!!! iré a hablar con el Gran Maestre Tompa. No voy a desaprovechar todo lo que he aprendido. Sé que puedo llegar hasta el Lago Arcoíris. He salido del pozo y me hecho amiga de las ratas.

Si he podido con eso, ¡puedo con todo!

- Bien dicho Popïa, la vida es muy simple, no pierdas lo que has aprendido.

Tú forjas tu vida día a día. ¡Lucha hasta el final!

- Manoscalcetines, he llegado hasta aquí gracias a tus consejos, así que confío en ti. Seguro que se te ocurre algún plan.

- ¡Ya tengo el plan! **-dijo con mucho énfasis y alegría -** Utilizamos las cloacas para salir de la Biblioteca, atravesamos la ciudad por debajo y te dejaré lo más cerca del Molino que pueda.

-¡Me parece bien!...¡¡¡vamos!!!

- Manoscalcetines, ¿tan malo es el Gran Maestre Tompa? - **Le preguntó mientras caminaban de nuevo por las alcantarillas**-

:- Es un líder que nos obliga a los duendes a buscar objetos olvidados en tu mundo para llevarlos a la Gran Caldera. Cuando yo nací él ya estaba al mando de Baubauzzh y no siempre fue así. Antes éramos simples duendes, ahora para él somos "Buscadores" -decía mientras hacía comillas **con el Índice y Dedo del medio simulando comillas**- .

- ¿Objetos Olvidados?, ¿Buscadores? ...
...¿Gran Caldera?...

- Si...bufff... **-bufó con fuerza**- . va a ser larga la historia, creo que me dará tiempo a contarla entera antes de llegar, tenemos un buen viaje.

Los objetos olvidados son esos objetos que perdéis los humanos. ¿Nunca has perdido un juguete o la pareja de un calcetín? ¿la tapa de un bolígrafo? Incineramos los objetos que perdéis en La Gran Caldera y así obtenemos nuestra magia. Reciclamos todo tipo de objetos, pero si tenemos un fetiche son los calcetines. Es más, bajé hasta el lado oscuro de Baubauzzh porque sentí la presencia de tus calcetines.

Ah y a mí me llaman Manoscalcetines porque mi madre me regaló éstos y desde entonces los llevo puestos en las manos. Perdona, que me dejado llevar por la conversación.

Estábamos hablando del Gran Maestre Tompa y su Caldera...

- Sí ¿para qué usa el Gran Maestre Tompa la magia reciclada?

- Ni idea... Y por eso estoy enfadado con él. Hace años que no se le ve para pedirle explicaciones, tiene un ejército de Fátatos y de Botones que impiden la entrada al Molino. Incluso hay rumores que dicen que murió hace años, pero sus secuaces lo niegan para que nada cambie y cada año que pasa hace más frío. Parece que esa maldita caldera absorba el calor del planeta.

- He cometido un fallo... -dijo **Manoscalcetines**
con miedo-

- ¿Qué?

- vaya... Estamos cerca del molino pero hay muchos
Fátatos y Botones,... y lo peor es que nos han visto.
Así que cuando desplace la tapa de la alcantarilla para
salir, yo los distraigo y tú sales volando directa al Molino.

- ¿Seguro?

- ¡Segurísimo! ¡No puedo fallar!.
Cuenta atrás y salimos.

3....2...1...

- Suerte Popïa!

- ¡Gracias!, Voy a ver al Gran
Maestre Tompa. ¡Aguanta!

-Tranquila, me durarán tres asaltos. ¡ven grandullón!

-Ya estoy cerca, estas alas son muy útiles.
Me parece ver algo por esa ventana...

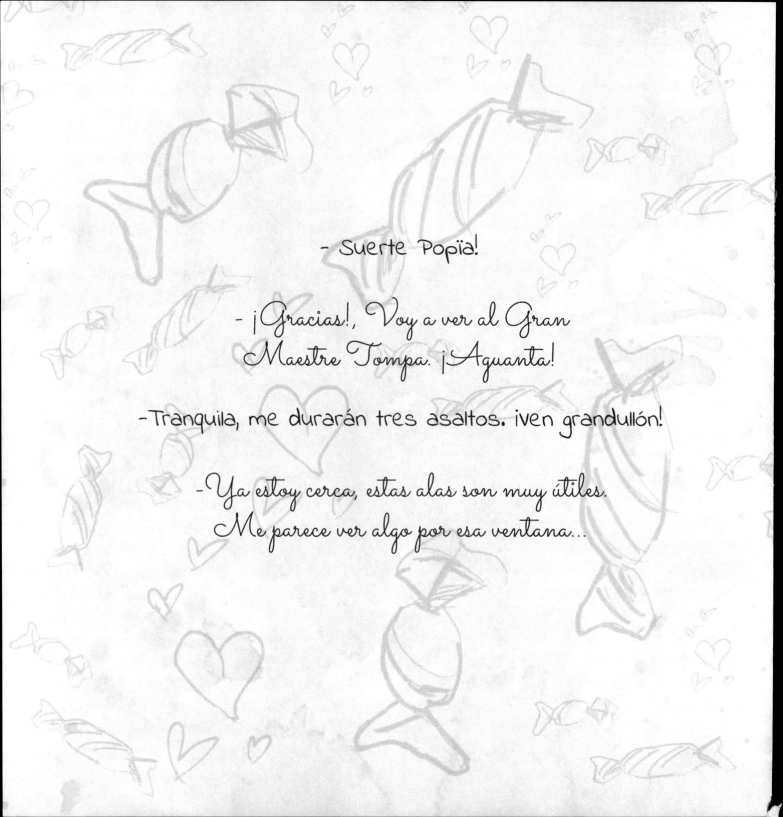

...parece tener una
muerte en vida. ...

...me esperaba otra cosa...

- Hola Gran Maestre Tompa, soy Popïa, una niña del mundo exterior. He venido a que me hagas un favor... pero no sé yo... -se quedó pensativa-.

- MMMMM.... ¿GRAN MAESTRE? ... AQUÍ NO HAY NINGÚN GRAN MAESTRE. ¿UN FAVOR? ¿CREES QUE PUEDO AYUDAR A ALGUIEN? -dijo sin apartar la mirada del monitor que tenía delante.

- ¡VETE! ¡NO HACES NADA AQUÍ!

- ¡No me voy a ir! Debo buscar el Lago Arcoíris para encontrar a mi madre y tú tienes la única pista que puedo seguir.

- ¿LAGO ARCOÍRIS? ES INÚTIL NIÑA, EL LAGO ARCOÍRIS ES UNA FARSA -dijo con desdén apartando la vista del monitor y mirando con ojos vacíos a Popïa.

- ¿Farsa?

Tompa se levantó dejando atrás el monitor que había mirado durante años sin pestañear y se dirigió a ella.

- SÍ, POPÏA, TODO ES UNA FARSA. CADA COSA QUE TE SUCEDA, QUE BUSQUES, QUE DESEES... ES MENTIRA. NO VALE LA PENA LUCHAR. NO PUEDES VIVIR CUANDO TE ARREBATAN LO QUE MÁS QUIERES, CUANDO TUS GRANDES PLANES DE VIDA, TUS GRANDES ILUSIONES, TUS OBJETIVOS TE LOS ARREBATAN DE UN SOPLIDO. ESTALLAN EN MIL PEDAZOS COMO CRISTALES Y YA NO HAY FORMA DE RECOMPONERLOS.

- ¿Qué te ha pasado Gran Maestre Tompa?

- ¡SATINE! ¡MURIÓ! ¡SE LA LLEVARON ANTES DE TIEMPO! - dijo a Popïa entrando en cólera y mirándole a los ojos, mientras señalaba el monitor.

-¿Ella es la que aparece en el monitor que estás mirando? Estás anclado al pasado... -afirmó en voz alta sin pensar Popïa-.

- BONITA FORMA DE DECIRLO... PERO SÍ. CUANDO TE DUELE HASTA EL ALMA, HACES LO QUE HAGA FALTA PARA CALMAR TANTO DOLOR.

DUELE, PERO NO QUIERO QUE SE VAYA.

NOS DESPEDIMOS, PERO YO TODAVÍA INCUMPLO EL TRATO QUE HICIMOS.

-Lo siento mucho Gran Maestre Tompa. Desconozco todo lo que has pasado, pero te entiendo y te respeto.

-¿QUIERES OÍR MI HISTORIA? MUY BIEN...

...

ÉRASE UNA VEZ UN PEQUEÑO ELEFANTE LLAMADO TOMPA QUE LLEGABA A SU INVESTIDURA DE LA MANO DE UNA HERMOSA DAMA LLAMADA SATINE. LOS DOS FUERON GOBERNADORES DE BAUBAUZZH Y SU PUEBLO FUE SIEMPRE SU PRIORIDAD. ÉRAMOS FELICES Y TODO FUNCIONABA MUY BIEN.

PERO UN DÍA SATINE SE FUE, DEJÓ BAUBAUZZH
Y ME QUEDÉ MUY TRISTE. EMPECÉ A
DESDIBUJARME Y NUNCA MÁS FUI EL
MISMO. POCO A POCO ENTRÉ EN EL
MUNDO DE LAS SOMBRAS Y ME ENCERRÉ
EN MI MOLINO Y EN MI CORAZÓN.

– Creo que caminamos por el mismo sendero.

Pero con lo que he aprendido durante mi estancia aquí creo que puedo ayudarte.

- NO NECESITO AYUDA. TENGO LA CALDERA QUE ME PERMITE VER A SATINE,

MI REINA PARA SIEMPRE.

- ¿La Gran Caldera?... ¡Estás obligando a los duendes a tener el fuego encendido para poder seguir anclado al pasado!...

Te puedo ayudar Gran Maestre Tompa. No te resistas al dolor, ¡hazlo tuyo!. Desde que Satine se fue habrás caminado mucho, más con la cabeza que con los pies y no debes perder todo aquello que aprendiste mirando hacia atrás... ¡Sigue adelante! Ahora sé que no volveré a ver a mi madre, al igual que tú a Satine. Mi madre también es una estrella que se fue antes de tiempo, pero me dio todo el amor que pudo y mucho más. Yo, cómo tú, me encontré muy perdida, por eso aparecí en el pozo del lado oscuro de tu mundo y creo que mi destino era llegar hasta ti.

Al igual que Manoscalcetines me tiró la cuerda, yo te doy la mano para que salgas del pozo. No puedo ser tu Reina, pero puedo ser tu Princesa.

Debes aprender a perder para ganar y como me dijo el
Rey Rata... ¡Lucha! ¡Lucha por ti hasta el final!

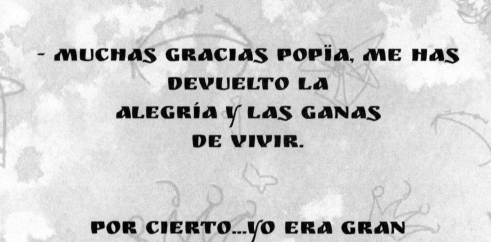

- MUCHAS GRACIAS POPÏA, ME HAS
DEVUELTO LA
ALEGRÍA Y LAS GANAS
DE VIVIR.

POR CIERTO...YO ERA GRAN
MAESTRE.

¡MI PUEBLO! ¿CÓMO ESTÁ?
DEBO CUIDAR DE ELLOS.

¿CUÁNTO TIEMPO HA PASADO?

¡QUÉ FRÍO!... ME HE CENTRADO
TANTO EN MÍ QUE LOS HE
ABANDONADO. DEBÍA ALIMENTAR
LA CALDERA PARA MANTENER EL
FUEGO DEL PASADO Y UTILICÉ A
LOS DUENDES PARA MI PROPIO
BENEFICIO. ME ANCLÉ EN EL
PASADO Y OLVIDÉ VIVIR
EL PRESENTE.

POPÏA... SALGAMOS A LA
VENTANA POR FAVOR...

Todo el pueblo, duendes,
Fátatos, Botones incluso
Dodos ayudaron a
desmontar la Gran Caldera.

Cuando sacaron la última pieza
escucharon un gran estruendo
que venía de debajo de la tierra.
Era el sonido de un gran
torrente de agua subterránea....

¡Un torrente de agua color arcoíris!

¡El Lago Arcoíris!

- POPÏA, TE DIJE QUE EL LAGO ARCOÍRIS ERA UNA FARSA. LA REALIDAD ES QUE LO ENCONTRÉ, PERO LA RESPUESTA QUE OBTUVE NO ME SATISFIZO. POR ESO LO UTILICÉ PARA VISUALIZAR ETERNAMENTE EL PASADO EN UNA VIEJA TELEVISIÓN. QUERÍA DEJAR DE SUFRIR Y SÓLO CONSEGUÍ ESTAR MUERTO EN VIDA.

AHORA TÚ PUEDES PEDIR UN DESEO Y SÉ QUE TE AYUDARÁ MÁS QUE A MÍ.

- Muchas gracias Gran Maestre Tompa.

- GRACIAS A TI POR QUITARME LA VENDA DE LOS OJOS.

AHORA, SI ME DISCULPAS, TENGO QUE VOLVER A SER EL GOBERNADOR Y EL LÍDER QUE MERECE MI PUEBLO

¡GRACIAS POR DARME UNA RAZÓN POR LA QUE VIVIR, MI PRINCESA!

- Lago Arcoíris,

¡Quiero ver a mi madre!
-Dijo Popïa mirando el gran Lago Arcoíris-

-¡¡Mamáaaaaaaaa!!

- ¡Hola Gordita! ¡Has crecido mucho!

Popïa no podía ni hablar. Tenía los ojos llenos de lágrimas que le impedían toda visión y se había quedado muda, no era capaz de articular palabra alguna.

- ¿No le dices nada a tu madre? -dijo con una gran sonrisa-

-¡¡Mamáaaaaaaaa!! -Rompió a llorar y salió rápida a abrazar a su Madre

- No me aprietes tanto gorda... Jejeje.
Te has hecho muy fuerte.

- ¡Quédate conmigo para siempre, Mamá!

- No puedo quedarme contigo Gordita, mi viaje ya
llegó a su fin. La muerte no avisa cuando
viene, pero quiero que sepas que TE HE
QUERIDO, TE QUIERO Y TE VOY A
QUERER SIEMPRE. Siempre estaré contigo
en ese corazón que te bordé en tu pecho.

Y aunque no esté físicamente a tu lado siempre
me puedes hablar, tu padre me habla todos
los días y, como bien te dice, le respondo
en su corazón.

Debo marcharme, no puedo estar mucho tiempo,
pero debo decirte unas cuantas cosas. Aunque
no esté hay mucha gente a tu lado que te
quiere y que te va a cuidar. NUNCA
estarás sola. Crece fuerte y sana.

Siempre debes de ser tu mejor versión. Lucha por tus proyectos, nadie te va a regalar nada. Cada día tienes que dar un paso, uno tras otro para llegar a donde desees. Es normal si te pierdes, todos nos perdemos muchas veces. Ese sitio al que eliges ir, sea el que sea, seguro que será el mejor sueño posible. Sé feliz, ante todo y hazte respetar... y que te respeten, pero nunca impongas.

Sé que tu padre te cuidará bien. ¡Ah!, tu Padre. Dile que lo hace bien, es normal que tenga dudas y a nadie le enseñan como ser padre ¡Y de una niña! ¡Con lo protector que es! Tengo ganas de ver qué hace cuando seas adolescente....

Le confié y entregué mi vida y sé que todo lo que haga estará bien hecho. Lo hará con amor y cuando haces algo con amor y cariño y dedicación, no se le puede sacar peros.

Dile que hicimos un trato y que debe cumplirlo...y por último dile que deje de tener tantas tonterías... Él te dirá que son manías, pero no... es casi un trastorno obsesivo compulsivo en toda regla.

ESTARÉ SIEMPRE A TU LADO,

TE QUIERO MUCHO MI AMOR...

ESTARÉ SIEMPRE A TU LADO,

TE QUIERO MUCHO MI AMOR...

-¡¡Mamáaaaaaaaa!!

¿Qué ha pasado?

– ¡Papáaa! He tenido un sueño.

- ¡He soñado con la Mama! Y me ha dicho que no tengas tantas tonterías...

—No son tonterías, son manías... -dijo el Padre desde el comedor-

- Si... eso mismo dijo
la Mama que dirías...

- ¡Psssss! Como dije es un calcetín perfecto para la boda de mi hermana...

FIN

Printed in Great Britain
by Amazon